RECUEIL ENCYCLOPÉDIQUE

DES

TRAVAUX DES DAMES.

DEUXIÈME PARTIE

TRAVAIL DU TRICOT.

PARIS. — IMPRIMERIE D'AUBUSSON, RUE FEYDEAU, 7.

ENCYCLOPÉDIE

DU TRICOT

PAR

LES AUTEURS DU JOURNAL CENDRILLON.

PARIS

CHEZ AD. GOUBAUD ET Cie, 43, RUE VIVIENNE,

Bruxelles

CHEZ PÉRICHON, A LA LIBRAIRIE ENCYCLOPÉDIQUE

1851

AVANT-PROPOS.

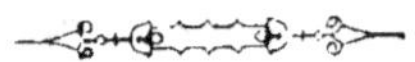

Parmi les ouvrages qu'exécutent les dames, le tricot mérite sans contredit la première place. Non-seulement il convient à toutes les classes, à toutes les fortunes et à tous les ages, mais encore il fournit aux personnes dont la fortune est modeste, le moyen de confectionner les habillements les plus utiles à leur usage, ainsi qu'à celui des personnes de leur famille. Cet art est porté maintenant à un tel degré de perfection, que grace à lui, on peut produire mille de ces petits et jolis riens qui embellissent la toilette et qui coutant si peu à faire, ne laisseraient pas que de gréver les petites bourses d'une dépense relativement considérable si on les achetait.

L'art du tricot est en grande faveur en Angleterre, en Allemagne et dans les Pays-Bas parmi les dames non-seulement de la classe bourgeoise, mais aussi parmi celles du plus haut rang qui, dans ces différents pays, y sont passées maîtresses.

L'ENCYCLOPÉDIE DU TRICOT ne sera donc pas le moins utile de tous les Manuels que nous nous proposons de publier.

En nous suivant avec un peu d'attention, nos lectrices seront bientôt à même de produire les objets les plus difficiles que notre

CENDRILLON (1) donnera par la suite. Cette Encyclopédie servira donc, pour les personnes peu exercées, d'introduction élémentaire à notre Journal et de guide aux personnes plus avancées.

Nous espérons que l'on trouvera nos descriptions claires et faciles à comprendre, grâces à l'exactitude des dessins exécutés d'après nature.

Tous les objets, tous les exemples donnés ont été, sans exception, exécutés avant d'être gravés, afin de pouvoir corriger avec le plus grand soin le texte servant de base aux exercices.

Pour rendre notre Encyclopédie complète et répondre à tous les besoins, à toutes les exigences, nous ferons observer ici que dans les différents pays on ne tricote pas d'une manière uniforme, qu'il existe deux manières bien distinctes, et que si dans un pays on tient exclusivement à la première, dans un autre, souvent limitrophe, on ne pratique que la seconde.

Nous les expliquerons toutes deux ; seulement nous allons commencer par celle qui est le plus généralement répandue, en Angleterre, en Amérique, dans les Pays-Bas, en Belgique, dans une partie de l'Allemagne et de la France elle-même. Nous commencerons par celle-là, non-seulement parce qu'elle est le plus généralement adoptée, mais aussi parce qu'elle est la plus naturelle, parce qu'elle peut être apprise avec plus de facilité et conduire enfin d'une manière plus directe, à obtenir une grande agilité et beaucoup de dextérité.

(1) Voir sur la couverture les détails relatifs au Journal *Cendrillon*.

CONSIDÉRATIONS PRÉLIMINAIRES

SUR LE TRICOT ET SUR CE QUI S'Y RATTACHE.

Il y a deux remarques à faire à l'égard de deux points très-essentiels, qu'on ne saurait jamais mettre en pratique trop souvent ou trop tôt, surtout en commençant à tricoter.

Tout ce que nous dirons à l'égard du dévidage et de la laine mise en pelote d'une manière trop tendue, est également applicable au tricot qui doit toujours se faire avec beaucoup de légéreté et sans tendre le fil en aucune manière. Les jeunes mains sont toujours disposées à tendre la laine, et souvent à un tel degré, qu'il devient difficile de faire pénétrer l'aiguille dans la maille pour former le tour suivant. Cette habitude une fois prise, on ne peut s'en défaire que très-difficilement. Il faut, par conséquent, dès les premiers exercices s'en bien garder, puisqu'elle gâte l'aspect de l'ouvrage, fait que le tissu est peu agréable à la vue le rend lourd et dur, au lieu de lui donner de la légéreté et de la souplesse.

Il est donc de la plus grande importance de s'habituer en commençant les premiers exercices, à tenir la laine avec légéreté, sans la tendre ou la presser.

D'un autre côté on peut, il est vrai, tricoter d'une manière trop *lâche*, mais ce défaut est beaucoup moins général et l'on peut s'en défaire plus facilement.

Lorsqu'en commençant, on tricote d'une manière trop lâche, on pourra tout d'abord ne pas atteindre un degré parfait de régularité, mais l'exercice mènera avant peu à la perfection. Tandis que tricoter d'une manière trop serrée, quelque symétriquement que cela puisse se faire, n'est qu'un défaut régulier.

Les aiguilles ne servent pas seulement à recevoir les mailles et à les transporter; par leur degré de grosseur, elles servent aussi à déterminer la grandeur de la maille, qu'elle soit tricotée, ou qu'elle forme un jour.

La régularité est indispensable et le tricot ne sera bien qu'autant que les mailles d'un tour auront une apparence semblable, seront d'une égale grandeur et glisseront facilement le long de l'aiguille.

Une débutante fera bien de commencer par des *tours* composés d'un petit nombre de mailles seulement, afin de pouvoir compter et vérifier avec facilité celles de chaque tour, pour que chaque erreur soit bientôt être reconnue.

Parmi les fautes il y en a deux que l'on doit surtout éviter.

L'une, c'est qu'en comptant un tour on trouve une maille de moins que le nombre primitif.

Cela ne peut résulter que de la conséquence d'une de ces deux choses : *ou* que l'aiguille de droite aura pénétré dans deux mailles à la fois et que le fil aura été passé comme dans une seule maille, *ou* qu'une maille sera tombée, c'est-à-dire qu'elle aura glissé d'une des aiguilles sans avoir été reçue comme il le faut sur l'autre. Dans le second de ces cas, on verra alors qu'il faut reprendre la maille oubliée, pour éviter que cela ne laisse une fente ou canelure de la forme d'une échelle entre les mailles, défaut qui se reproduirait du haut en bas de l'ouvrage.

L'autre c'est qu'il se trouve une maille de plus qu'au nombre primitif, et cela ne pourra aussi résulter que de deux causes : *ou* la laine aura été portée en avant de l'aiguille de droite sans l'avoir fait pénétrer dans la maille et elle aura fait un tour pour passer d'arrière en avant entre l'aiguille, ce qui lui donnerait l'apparence d'une maille, qui, si l'on n'y prenait garde, serait tricotée comme telle dans le tour suivant.

Ou une maille aura été tirée fortuitement en dédoublant la laine, entre deux points ou mailles, et de cette manière formera une maille en sus.

Pour réparer ce mal, il faut retenir la laine ensemble avec l'aiguille de droite ; puis il faut faire pénétrer l'aiguille de gauche, dans la maille par laquelle la dernière a été tirée et alors la reprendre. De cette manière celle que l'on vient de tricoter est défaite. En procédant de même on va de maille en maille, et s'il le faut de tour en tour, jusqu'à ce qu'on ait rétabli le bon ordre.

Nota. Il va sans dire que pour les dames qui tricotent à la manière allemande les instructions restent les mêmes, sauf que les mots *main* ou *aiguille gauche* seront remplacés par *main* ou *aiguille droite* et aux mots *main* ou *aiguille droite* elle substitueront nécessairement le mot *gauche*.

DÉFINITION DU TRICOT.

Le tricot est un tissu composé de mailles, dont la première donne naissance et sert d'appui à la suivante, et dont la dernière termine la série en même temps qu'elle la fixe.

DES OUTILS.

Les outils pour tricoter sont simples et peu nombreux : on leur donne le nom générique d'aiguilles.

Les aiguilles sont cylindriques, d'une grosseur égale dans toute leur longueur. Celles qui servent au tricot ordinaire sont d'une longueur moyenne de 23 à 24 centimètres et d'une grosseur proportionnelle à l'ouvrage que l'on veut faire, en argent, en cuivre ou en acier. Ces dernières sont le plus usitées. Pour les garantir de la rouille on le bleuit, on les argente ou on les dore par le galvanisme. Par la trempe, on évite qu'elles ne se courbent ou ne se plient : les aiguilles anglaises et les aiguilles françaises sont les meilleures ; les aiguilles allemandes viennent après, mais sont d'un mauvais usage.

Pour les ouvrages d'une grande dimension, ou tricotés d'une manière peu serrée, on se sert d'aiguilles de buis ou d'autre bois, d'ivoire ou de baleine. Cette dernière matière toutefois s'écaille facilement , et alors , accroche la laine ou le coton.

Les aiguilles en buis, en ivoire ou en baleine ne peuvent se faire aussi minces que celles en métal : aussi ne les emploie-t-on, nous l'avons dit, que pour les plus gros ouvrages. C'est pour cela qu'on leur donne une plus grande longueur, et pour éviter que des mailles ne s'échappent des bouts inférieurs, on les munit de petits boutons plats, à l'une des extrémités.

La grosseur des aiguilles employées est d'une grande importance, et cependant les fabricants n'ont pas de numéros d'aiguilles absolument fixes, puisque chaque fabricant se sert de séries arbitraires. Il est donc de la plus grande importance de s'assurer que les aiguilles ont la circonférence exigée. Nous avons voulu faire cesser toute incertitude à cet égard, et mettre nos lectrices à même de juger, par elles-mêmes, si les aiguilles ont le diamètre qu'il leur faut, diamètre qu'on ne pourrait remplacer sans changer les dimensions du *travail* que l'on voudra exécuter conformément à la description.

Dans ce but, nous avons eu l'idée de faire exécuter un petit instrument nommé *akéomètre* (*aké*-aiguille, *métron* mesure), qui est notre propriété exclusive et que l'on pourra se procurer au bureau de *Cendrillon* ainsi que chez tous nos correspondants. Il est portatif et unit l'élégance à l'utilité.

L'*akéomètre*, désormais indispensable à toutes les dames, sert à mesurer toutes les aiguilles, et devient le complément obligé de toutes les boîtes à ouvrage.

MATÉRIAUX.

On peut tricoter avec toute sorte de fil, mince et flexible, de laine, de coton, de lin ou de soie, etc.

Pour guider nos lectrices qui commencent à pratiquer l'art du tricot, nous donnerons une très-courte description des principales sortes de matériaux généralement en usage.

Coton. — Depuis les progrès qu'a fait la fabrication du coton on n'emploie presque plus le fil de lin pour les ouvrages au tricot.

Les ouvrages d'un tissu très-délicat, tels que cols, dentelles, etc., exigent l'emploi du coton en bobines ou en pelotes.

Les bas, les jupes, les bonnets de nuit pour enfants, les jus au-corps etc., réclament un coton plus gros et qui se vend seulement en pelotes.

Laine et estame. — Les chaussons et les bas ordinaires réclament l'emploi de plusieurs sortes de laines, nommées estame, thibet, etc., de qualités et de prix différents. La laine doit toujours de préférence former un fil qui soit doux et ferme au toucher. Le prix plus élevé de la première est compensé par quelques avantages : d'abord elle n'est pas aussi pesante ; puis la laine douce et bien faite se travaillant mieux, les ouvrages ont un aspect plus agréable et durent plus longtemps.

Laine d'agneau. — Il y en a au moins trois variétés, savoir: la laine ordinaire, la laine fine et la laine surfine, ou qualité extraordinaire.

La laine d'agneau ordinaire est de trois grosseurs, numérotées No, 1, 2 et 3, dont le dernier est le plus fin. Elle est employée généralement à des objets de grande dimension, comme des jupes et châles, couvre-lits, mais ordinairement cette sorte de laine est commune, grossit et se raccourcit en se lavant.

La sorte appelée fine est d'un usage assez fréquent et peut très-bien servir pour la plupart des objets.

La qualité nommée surfine est presque égale à la laine double de Berlin. Les laines d'agneau surfines sont composées de 2, 3, 4 et jusqu'à 10 fils. Les sortes le plus généralement employées sont celles allant depuis 3 fils jusqu'à six.

LAINE D'AGNEAU ZÉPHIR. — Elle a deux fils et est excessivement mince et légère. On l'emploie généralement pour faire des objets qui doivent être légers et chauds, sans qu'on en exige une durée plus qu'ordinaire.

LAINE BRODEUSE, OU LAINE DE HAMBOURG. — Cette laine plus tordue et moins fine que la laine de Berlin ou que la laine zéphir, se prête très-bien au travail. Elle sert d'une manière parfaite pour quelques objets en tricot double, particulièrement pour de petits souliers ou brodequins d'enfants, puisqu'en se lavant elle ne grossit ni ne rétrécit autant que les autres sortes de laine. Cette laine sert aussi pour de grands ouvrages, parce que les écheveaux ont une plus grande longueur que ceux de la laine de Berlin : elle est aussi un peu meilleur marché que cette dernière. Employée double, elle a presque la grosseur de la laine d'agneau la plus mince, ou de la laine d'agneau surfine à 3 fils.

LAINE DE BERLIN. — Laine Zéphir ou laine Terneaux. Cette sorte de laine est employée principalement à tricoter des objets de fantaisie et en couleur, puisque la couleur du coton se flétrit en se lavant, et que celle de la laine est, à l'exception de quelques nuances tendres, beaucoup plus solide.

On en a généralement de trois grosseurs, savoir celle de 4, de 8 et de 10 fils.

Le peu de longueur du fil des écheveaux de laine de Berlin est un désavantage lorsqu'on veut faire de grands ouvrages au tricot. Mais lorsqu'un grand nombre de nuances est nécessaire et qu'on n'emploie qu'une petite quantité de chacune, le peu de longueur des écheveaux de la laine de Berlin devient au contraire un avantage.

LA SOIE. — Les soies employées aux ouvrages de tricot sont généralement :

1º Le cordonnet de Berlin en bobine et en écheveau, soit uni soit ombré ;

2º Du lacet très-mince et de peu de largeur appelé lacet à la Reine ;

3º De la chenille qui peut être employée également avec le cordonnet de Berlin ; ce mélange étant d'un bon effet pour sacs, bourses, bonnets, etc.;

La soie *mi-torse* s'emploie aussi avec la chenille, mais pour broderie seulement.

DÉVIDAGE.

Si on est forcé de dévider de la laine, ce qui est un désavantage, on doit du moins tâcher de le faire aussi légèrement que possible, pour éviter de la tendre et de la presser en devidant. En la serrant, la meilleure laine perd son élasticité et cette apparence soyeuse qui contribue à la richesse et à la beauté de l'ouvrage. Les mêmes inconvénients auraient lieu, si on laissait la laine trop longtemps dévidée ou en pelote; au fur et à mesure que le peloton se déroule, la laine semble devenir de plus en plus mince par suite de la pression plus considérable causée par les couches supérieures.

Il vaut beaucoup mieux ne pas dévider la laine, surtout celle de Berlin (Zéphire ou terneaux), puisque chaque écheveau compte un très-petit nombre de mètres.

L'écheveau peut rester pendu à l'ouvrage et l'on peut en défaire un ou deux tours de fil à la fois, ou bien l'écheveau peut être défait entièrement et le fil placé sur une feuille de papier ou dans une corbeille plate. Si l'on n'est pas forcé de quitter l'ouvrage, il y aura peu de danger que le fil s'embarrasse ou se tortille.

On ne doit dévider qu'une petite quantité de laine à la fois et seulement alors qu'on en fait immédiatement usage.

En formant une pelote on fera bien de laisser glisser, très-légèrement et presque sans le toucher, le fil de laine entre l'index et le pouce, et de le placer sur la pelote d'une manière aussi légère que possible.

Si ces observations paraissaient trop minutieuses, que nos lectrices prennent la peine de dévider, d'une manière serrée et tendue, quelques mètres de laine en pelote ferme et puis qu'elles essaient d'en faire un objet au tricot, celui-ci sera serré, car presque toutes les personnes tricotent de la manière qu'elles dévident la laine. Qu'elles tricotent après cela un objet de laine que l'on aura dévidé en évitant le plus possible de la tendre, et qu'elles comparent les deux objets, il leur semblera presque incroyable que ce soient la même laine, les mêmes aiguilles et le même dessin, tellement il résulte de différence entre eux par suite du seul fait de tendre la laine ou non, en la dévidant.

THÉORIE DU TRICOT.

DÉSIGNATIONS

DES DIVERS POINTS OU TERMES

USITÉS POUR LE TRICOT.

Nous mettons ici ces diverses désignations en regard de celles que nous adoptons, afin que notre Encyclopédie puisse venir en aide aux dames qui tricotent d'après d'autres méthodes.

MAILLE A L'ENDROIT — d'autres disent : *une maille simple, unie* ou *droite.*

MAILLE TORSE — d'autres disent : *une maille tournée — une maille prise en dedans.*

UNE MAILLE SANS LA TRICOTER — d'autres disent : *une maille nulle.*

RÉTRÉCIR — d'autres disent : *rétréci à l'endroit — diminuée — deux mailles ensemble.*

RÉTRÉCIR A L'ENVERS — d'autres disent : *rétréci à l'envers — diminuée à l'envers — deux mailles ensemble à l'envers.*

SURJET — d'autres disent : *un rétréci surjet — une surjettée.*

UNE PASSE — d'autres disent : *une augmentée — une jettée.*

RABATTRE — d'autres disent : *une rabattue.*

UN TOUR — d'autres disent : *une rangée.*

MAILLE EN SUS — d'autres disent : *maille restante — maille lisière.*

§ 1. — MONTAGE OU DÉBUT DU TRICOT AVEC UNE SEULE AIGUILLE.

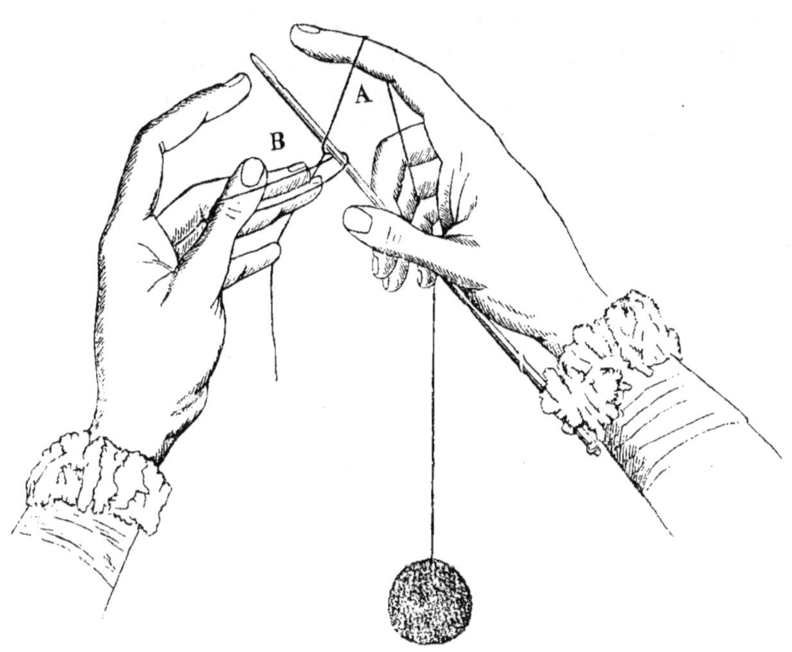

Mettez le fil entre le second et le troisième doigt de la main gauche, en laissant un bout, d'environ un mètre, pour chaque 100 mailles. Passez-le autour du pouce gauche en allant de gauche à droite, et faites par ce mouvement une bride tendue d'un côté, ne la maintenant par le pouce et le bout de l'annulaire en levant l'index de la main gauche qui supporte le pli de la bride. Ensuite prenez l'aiguille de la main droite, inclinez la vers la gauche, passez la sous le fil en l'élèvant assez pour qu'avec le fil elle se trouve posée sur l'index de la main gauche. Passez le fil de droite autour de l'aiguille (lettre A). Tournez la bride B sur le pouce gauche en lui faisant d'écrire une demi-courbe et retirez l'index gauche par le mouvement indiqué sur la gravure ; finissez la maille en tendant le bout du fil qui se trouve passé dans la main gauche. Continuez de même jusqu'à ce que le nombre de mailles se trouve sur l'aiguille.

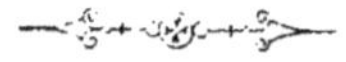

§ 2. — MONTAGE DU TRICOT AVEC DEUX AIGUILLES.

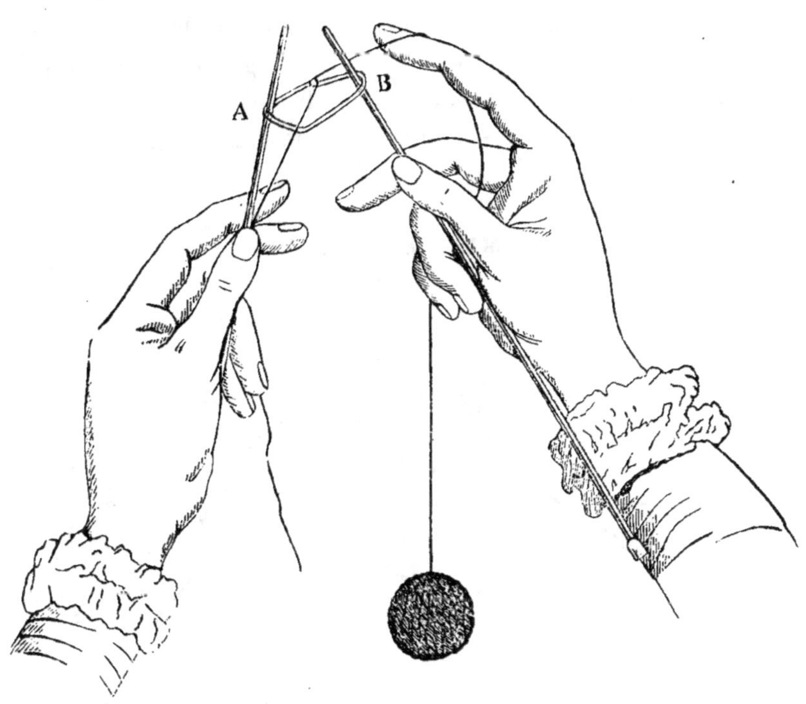

Cette méthode espagnole est particulièrement mise en usage pour travailler de la laine fine, ou pour des hauts de bas, semblables à ceux qui sont tissés. On forme des mailles plus lâches et moins tendues, plus faciles à saisir. On fait d'abord une bride au bout du fil et on la met sur une aiguille en la tenant de la main gauche. On prend ensuite l'autre aiguille de la main droite, et l'on place son extrémité dans la bride. On passe le fil entre les aiguilles et on le porte en avant avec celle de la main droite. Ensuite, on porte la bride sur l'aiguille gauche. Il s'en trouvera ainsi une sur chaque aiguille, comme l'indiquent les lettres A et B. On fait passer la bride B sur l'aiguille gauche et on recommence en portant l'aiguille de la main droite par la bride B, et faisant passer le fil entre les aiguilles, comme auparavant.

§ 3. — MAILLES A L'ENDROIT.

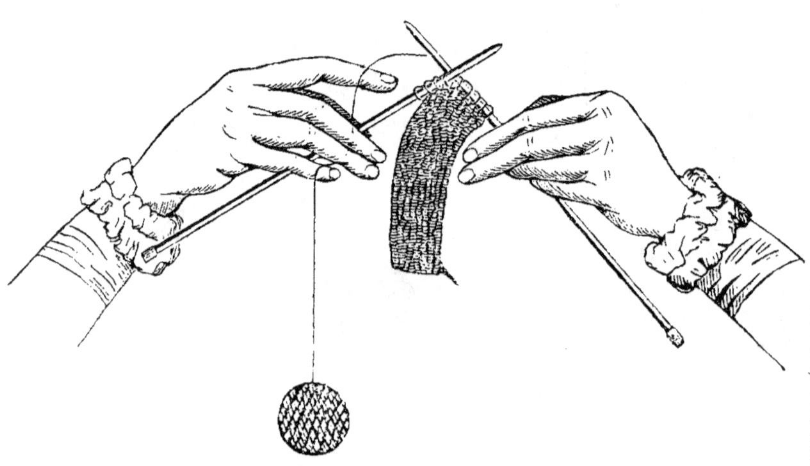

Après avoir formé les premières mailles, on tient l'aiguille de la main gauche, avec le fil autour du petit doigt de la main opposée : on le passe *en-dessous* du medium et de l'annulaire, et *au-*

dessus de l'index. Ensuite on prend l'autre aiguille de la main droite, puis on la place dans la première maille de celle de gauche et, au moyen de l'index de la droite, on passe le fil entre les aiguilles. On passe le fil de l'aiguille droite en avant, en faisant pénétrer son extrémité (avec le fil se trouvant dessus) en dedans de la maille. Ceci forme une nouvelle maille. On retire le bout de l'aiguille gauche de cette maille et par ce retrait, la maille tombe tout à fait. Ainsi de même pour chaque maille.

§ 4. — MANIÈRE ALLEMANDE.

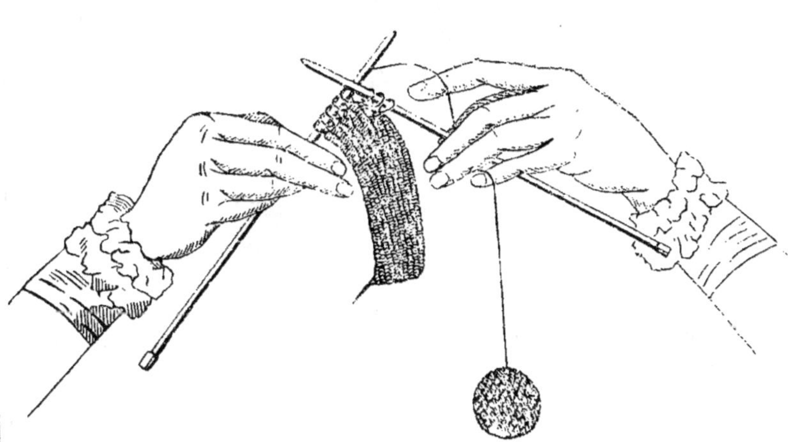

On tient les aiguilles de la même manière, seulement le fil de la pelote passe *sur* l'index, *sous* le doigt du milieu, *sous* l'annulaire et *sur* le petit doigt de la main *gauche*.

§ 5. — TRICOTER A L'ENVERS.

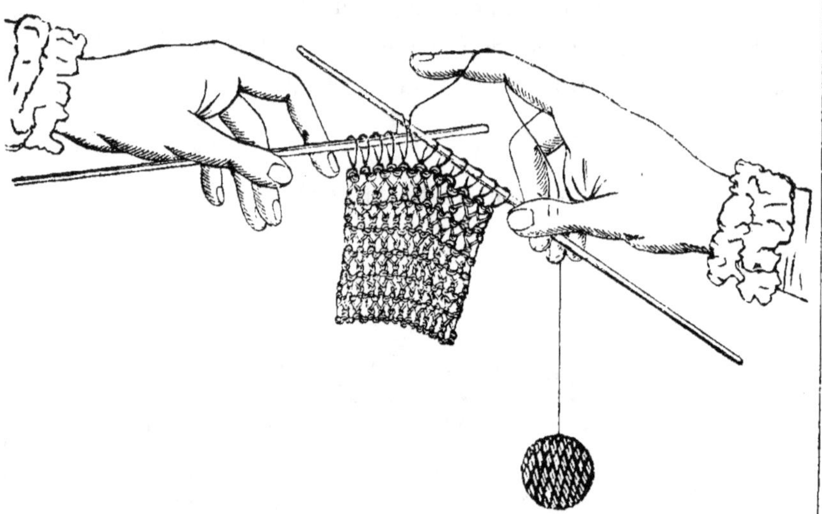

On commence le tour ayant le fil en avant et au-dessus de l'aiguille droite. On place dans la maille la pointe de celle-ci, au-dessus de celle de gauche, de dehors en dedans (tandis que d'ordinaire, on l'y fait entrer de dedans en dehors). On tourne le fil autour de l'aiguille de droite ; elle passe toujours dans la maille, en dessous de l'aiguille de gauche, que l'on retire ensuite. La maille qui jusque-là se trouvait sur les deux aiguilles, tombe de celle de gauche et se trouve seulement sur celle de droite, etc.

§ 6. — MAILLES SIMPLES ET A L'ENVERS DANS LE MÊME TOUR.

On portera le fil en dessous de l'ouvrage, avant de tricoter les mailles simples, et on le portera en avant de l'aiguille avant de tricoter à l'envers.

§ 7. — UNE PASSE.

On porte en avant, en le faisant passer entre les deux aiguilles, le fil qui se trouve sur l'index, en sorte qu'il est placé au-dessus de l'aiguille de droite en allant de gauche à droite.

En tricotant cette maille dans le tour suivant, elle formera un jour.

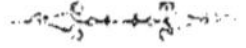

§ 8. — PASSE DOUBLE, TRIPLE, ETC.

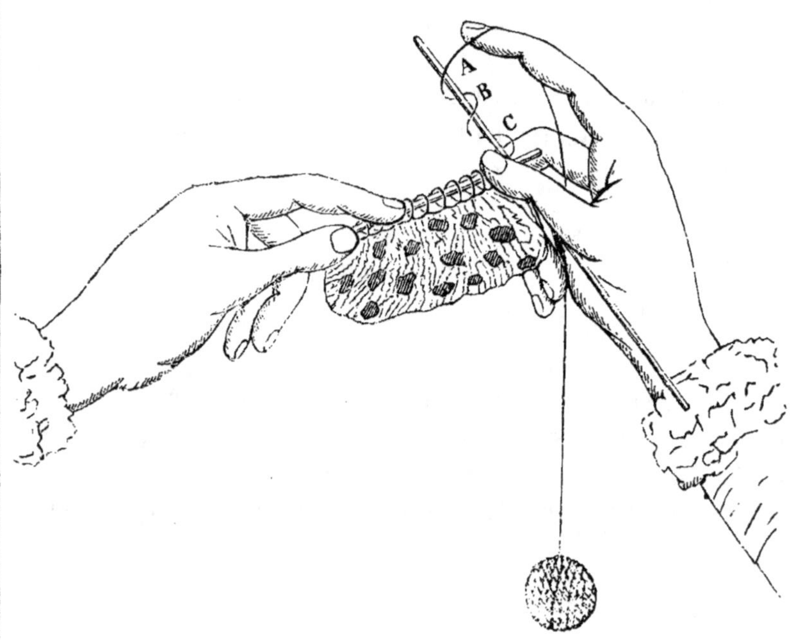

Tournez le fil autour de l'aiguille, autant de fois que vous
désirez faire de mailles, voyez A, B, C, donnant l'exemple
d'une passe triple (le dessin n'indiquerait que deux tours pour
une passe double etc.). Au tour suivant, arrivé à la bride pro-

duite par la passe (double, triple ou quadruple), on tricote alternativement une maille à l'endroit et une maille à l'envers, ayant soin de compter une maille pour chaque tour de fil, afin de compléter le nombre de passes faites dans le tour précédent. Par exemple : si, dans le 5e point du 8e tour, vous avez à faire une passe quadruple, il faut, en arrivant, dans le 9e tour, au 5e point, faire une maille simple à l'endroit, une maille à l'envers, une maille à l'endroit, une maille à l'envers, et puis continuer à tricoter, comme vous avez commencé.

Il va donc sans dire que vous avez à faire cinq tours de fil pour produire une passe quintuple et six tours pour une passe sextuple, et ainsi de suite. On verra en même temps que le dernier tour de fil, bien que comptant pour un tour entier, n'est véritablement qu'un demi-tour : ainsi pour une passe triple vous ne ferez que deux tours et demi et pour une passe sextuple que cinq tours et demi.

§ 9. — UNE MAILLE SANS LA TRICOTER.

On l'exécute en faisant passer, sans la tricoter, une maille de l'aiguille de gauche sur celle de droite. Pour y parvenir on n'a qu'à introduire la pointe de l'aiguille de droite dans la maille à prendre et puis retirer l'aiguille de gauche de la maille.

Dans tous les ouvrages tricotés à plat (c'est-à-dire non pas en rond mais en allant et venant comme bretelles, housses de chaise, etc.), la première maille de chaque tour doit être prise sans la tricoter, afin de produire une lisière ferme et égale. Dans

les descriptions données par différents journaux, cette indica-
tion ne se trouve pas, parce qu'elle allongerait trop la description de l'ouvrage, mais il ne faut pas la regarder comme
une *règle* invariable. Ainsi, lorsqu'un tour commence, tricotez
deux mailles ensemble (rétrécir), il faut travailler ainsi : prenez
la première maille sans la tricoter, tricotez la 2e et tirez la maille
prise sans la tricoter, par-dessus la maille tricotée.

§ 10. — RÉTRÉCIR.

Prenez deux mailles à la fois sur l'aiguille de droite et tri-
cotez-les ensemble, en agissant comme vous le feriez à l'égard
d'une seule.

§ 11. — TROIS MAILLES ENSEMBLE.

Agissez comme il vient d'être dit à l'égard du *rétrécir* ; c'est-
à-dire, prenez par le bout de l'aiguille de droite trois mailles,
comme si vous aviez une seule maille et tricotez les de même.

§ 12. — SURJET.

Prenez une maille sans la tricoter, faites en une à l'endroit
et rejetez la maille prise sans la tricoter, par dessus la maille
tricotée.

§ 13. — SURJET DOUBLE.

Prenez une maille sans la tricoter ; tricotez ensuite deux mailles ensemble et rejetez la maille prise. sans la tricoter, par-dessus la maille tricotée.

§ 14. — SURJET TRIPLE.

Prenez une maille sans la tricoter, tricotez ensuite trois mailles ensemble et répétez la maille prise, sans la tricoter, par-dessus la maille tricotée.

On rencontrera sans doute rarement l'expression de *surjet quadruple*, etc., mais comme elle pourrait néanmoins se présenter, il faudra alors tricoter autant de mailles ensemble que le surjet est multiple, par exemple, tricoter six mailles ensemble pour le surjet sextuple, etc.

§ 15. — MAILLE TORSE.

Pour une maille torse, on fait le contraire de ce que réclame une maille à l'endroit. ou une maille à l'envers (voyez les § 3 et 5). Pour faire une maille torse on introduit le bout de l'aiguille dans la maille, en procédant de dehors en dedans

(de la main droite à la main gauche) et on place aussi le fil devant
l'aiguille de droite comme pour faire une maille à l'envers ; si
ce n'est qu'on passe l'aiguille de droite, non pas *au-dessus*, mais
en dessous de l'aiguille de gauche, et on continue de la même
manière, comme si l'on faisait une maille à l'endroit

§ 16. — PLUSIEURS MAILLES TORSES TRICOTÉES ENSEMBLE.

On agit de même que pour la maille torse, mais on aura
soin de prendre sur l'aiguille de droite autant de mailles (toujours de la manière torse décrite ci-dessus) que l'on doit tricoter
ensemble, en procédant comme à l'égard des mailles à l'endroit
tricotées ensemble.

§ 17. — RÉTRÉCIR A L'ENVERS.

Tricoter deux mailles ensemble à l'envers (Voyez les para-
graphes 10 et 5).

§ 18. — UNE PASSE A L'ENVERS.

Le fil étant devant soi, sur le devant des aiguilles, il faut le
tourner complètement autour de l'aiguille, comme pour le porter
encore une fois devant soi.

Si on n'y faisait pas attention et si on négligeait d'opérer le tour complet sur l'aiguille, le *jour* serait perdu.

§ 19. — FORMER UN ROND.

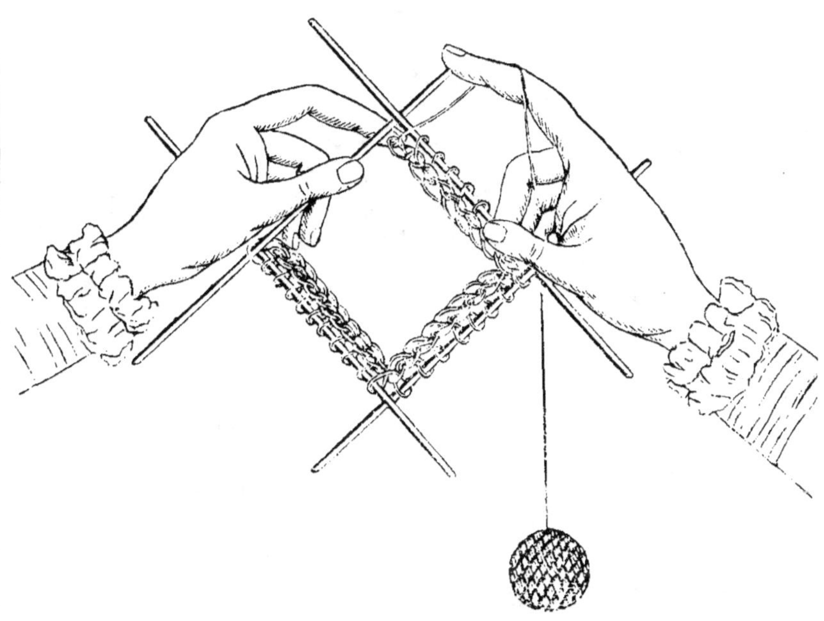

On emploi 4 ou 5 aiguilles, on forme d'abord le nombre de mailles requises sur une seule, et ensuite on les distribue en parties égales sur les autres, en en gardant une pour l'exécution de l'ouvrage. Au moyen de cette dernière on tricote la première maille formée. Ayant tricoté jusqu'au bout des 3 ou 4 aiguilles on aura formé un rond.

§ 20. — REPRENDRE DES MAILLES.

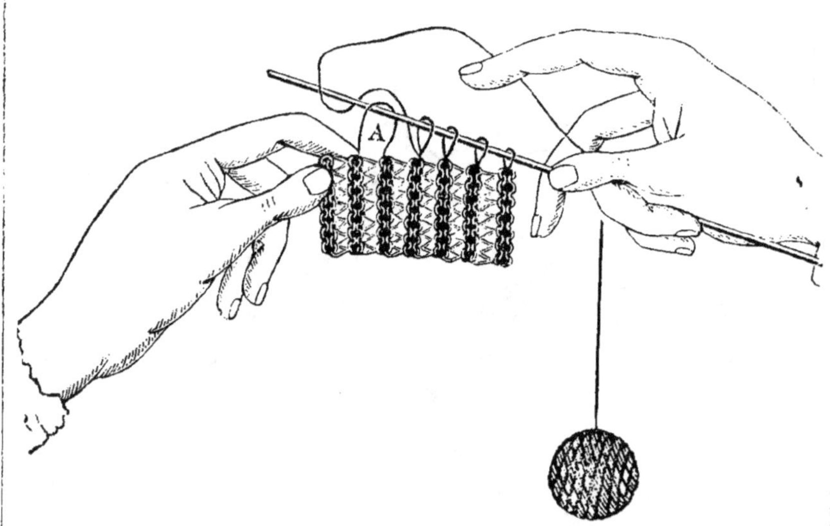

Passez l'aiguille dans le bord de l'ouvrage, comme il est indiqué (A). Passez le fil autour de l'aiguille, retirez le au milieu de la maille, comme pour en former une à l'endroit, etc.

§ 21. — RÉUNIR DEUX OUVRAGES.

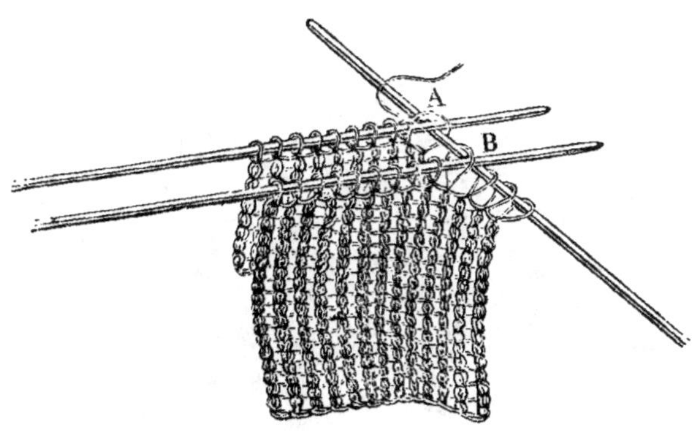

Pour réunir les bords de deux pièces en tricot, ayant le même nombre de mailles, on place les deux aiguilles portant les pièces, l'une sur l'autre, et au moyen d'une troisième aiguille, que l'on passe dans une maille de chacune des deux aiguilles (A et B), on les tricote comme une seule maille.

§ 22. — RABATTRE.

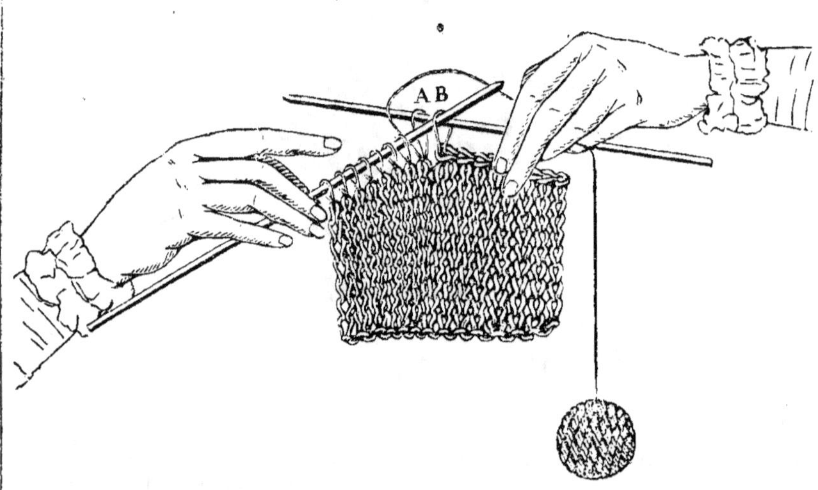

Tricotez les deux premières mailles, faites retomber la première (B) au dessus de la seconde (A), tricotez la 3e et faite retomber la 2e par-dessus la 3e et ainsi de suite. Continuez jusqu'à ce que vous n'ayez qu'une seule maille ; passez y votre fil et coupez le.

Si l'on ne doit rabattre que partiellement, c'est-à-dire un certain nombre seulement des mailles faites ; par exemple si l'on doit rabattre 30 mailles de 50 et laisser 20 mailles, on en doit rabattre 31 et passer la dernière (la 31e) maille rabattue, sur l'aiguille de gauche, pour continuer l'ouvrage à l'égard des 20 mailles qui restent.

§ 23. — UN TOUR.

On désigne ainsi, quand on travaille droit, ce qui doit être tricoté d'un bout de l'aiguille à l'autre, et quand on travaille en rond, toutes les mailles qui sont sur les aiguilles, à partir de la première maille de la première aiguille jusqu'à la dernière de la dernière aiguille.

§ 24. — MAILLE EN SUS.

La maille en sus est souvent nécessaire ; ce qui le prouve fréquemment, c'est lorsque dans la description d'un ouvrage on lit : « former 10 mailles pour chaque dessin, et une maille en sus » ce qui fait pour 6 dessins 61 mailles.

D'un autre côté, très souvent on finit en prescrivant de faire une passe, ce qui ne pourrait être exécuté, si, au préalable, on n'avait pas fait cette maille en sus, pour compléter le dessin.

§ 25. — MANIÉRE DE REPRENDRE UNE MAILLE TOMBÉE.

On reprend la maille tombée avec l'aiguille gauche on fait

de même à l'égard de la bride de cette maille ; ceci fait on tire la bride par la maille.

Quand on ne s'aperçoit de la chute d'une maille qu'après avoir tricoté quesques tours on agit d'une toute autre façon. On prend une aiguille plus fine, au moyen de laquelle on tire les brides par les mailles ; quand toutes les brides sont tirées on reprend la maille avec l'aiguille gauche.

§ 26. ATTACHER UN NOUVEAU FIL.

Si l'on tricote avec deux couleurs, on attache le nouveau fil par un nœud ; si le tricot n'est que d'une seule couleur, on prend le nouveau fil et on le met sur l'aiguille droite, en laissant pendre un fil de 3 centimètres de longueur. On tricote une maille et l'on remet derrière l'aiguille le fil qu'on a devant soi, et l'on tricote ensuite, avec le nouveau fil et l'ancien, quelques mailles encore, ce qui rend l'ouvrage plus solide.

§ 27. — TRICOT ÉLASTIQUE.

La différence entre ce travail et celui du tricot simple est que dans chaque maille, la laine est tournée deux fois autour de l'aiguille de droite, après l'avoir fait passer dans la maille à tricoter. Ainsi chaque maille, après avoir été tricotée, aura l'apparence de deux mailles. Dans le tour suivant on la tricotera comme une maille : c'est-à-dire qu'on laissera tomber la moitié de la maille de l'aiguille gauche.

Dans le second tour, ou celui dans lequel on fait une seule maille, de la maille que dans le premier tour on a fait double en apparence, on ne tourne la laine qu'une seule fois autour de l'aiguille droite.

Ce procédé donne un tour à la laine qui la fait boucler en quelque sorte et rend l'ouvrage élastique et doux. Il est principalement en usage pour les tissus qui doivent être un peu chauds.

§ 28. — TRICOT DOUBLE.

C'est un tissus fait comme s'il était doublé d'une autre étoffe distincte, attachée seulement aux lisières. Ce tissu, quoique très-épais est pourtant très *lâche*, convient aux objets chauds et doux. Par conséquent, ce genre de tricot est employé pour couvre-lits, couvertures, jupes, couvre-poitrines, etc.

On met un nombre de mailles quelconque, mais toujours pairs. On commence par six ou huit tours de mailles simples en guise de bordure. Le nombre des mailles de la lisière doit répondre à celui de la bordure. Si l'on en tricote de six tours, on doit tricoter trois mailles au commencement et trois à la fin de chaque tour. On porte ensuite la laine en avant, et on prend une maille sans la tricoter ; puis on porte la laine en arrière et on tricote la maille suivante comme cela a été dit précédemment (§ 27) ; c'est-à-dire, en tournant la laine deux fois autour de l'aiguille.

Ces deux points forment le tour entier. Ils seront répétés jusqu'aux trois dernières mailles du tour qui devront être tricotées comme points de lisières. En revanche, toutes les mailles longues devront être prises sans les tricoter, toutes les mailles courtes (que dans le tour précédent on aura prises sans les tricoter) le seront.

Chaque tour ressemble aux autres, à l'exception de celui qui précède la bordure terminant l'ouvrage ; dans celui-ci, la laine doit être portée en avant de la maille prise sans la tricoter, et l'on fait faire un tour à la laine comme auparavant ; la maille suivante est tricotée à l'endroit, sans que l'on tourne la laine deux fois autour de l'aiguille.

Ainsi on continue en tricotant alternativement les mailles de l'une ou de l'autre manière.

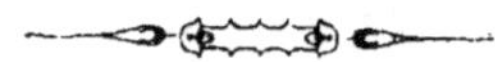

MISE EN PRATIQUE

DES THÉORIES PRÉCÉDENTES.

Nous accompagnons cette encyclopédie de *quatre planches* gravées, donnant divers modèles de tricot que nous engageons nos lectrices à exécuter selon les indications qui vont suivre ; ou comme ces dessins résument tout ce qui peut se faire, de simple ou de difficile en tricot, elles pourront ainsi devenir promptement d'une grande habileté.

DIVERSES BORDURES DE BAS.

BORDURE DE CHAINONS.

Pl. 1, fig. 1.

Divisible par 5 mailles.

1er *Tour*. 2 à l'envers — 3 à l'endroit.
2e   »   2 à l'envers — 3 à l'endroit.
3e   »   2 à l'envers — 3 à l'endroit.
4e   »   2 à l'envers — 3 à l'endroit.

5e *Tour*. 2 à l'envers — 1 passe — tricotez 3 mailles ensemble — 1 passe.

On recommence au 1er tour.

BORDURE PLUME DE PAON.

Pl. 1, fig. 2.

Divisible par 19 mailles.

1er *Tour*. 2 à l'envers — tricotez 2 mailles torses ensemble— 3 à l'endroit — 1 passe — 1 à l'endroit — 1 passe — 1 à l'endroit — 1 passe — 1 à l'endroit — 1 passe — 1 à l'endroit — 1 passe — 1 à l'endroit — 1 passe — 1 à l'endroit — 1 passe — 1 à l'endroit — 1 passe — 3 à l'endroit — rétrécir.

2e *Tour*. 2 à l'envers — tricotez 2 mailles torses ensemble — 19 à l'endroit — rétrécir.

3e *Tour*. 2 à l'envers — tricotez 2 mailles torses ensemble — 17 à l'endroit — rétrécir.

4e *Tour*. 2 à l'envers — tricotez 2 mailles torses ensemble — 15 à l'endroit — rétrécir.

On recommence au 1er tour.

BORDURE DE MYRTHE.

Pl. 2, fig. 4.

Divisible par 13 mailles.

1er *Tour*. 2 à l'envers — 1 passe — 4 à l'endroit — tricotez 3 mailles ensemble — 4 à l'endroit — 1 passe.

2e *Tour*. 2 à l'envers — 11 à l'endroit.

3e *Tour*. 2 à l'envers — 1 à l'endroit — 1 passe — 3 à l'endroit — tricotez 3 mailles ensemble — 3 à l'endroit — 1 passe — 1 à l'endroit.

4e *Tour*. 2 à l'envers — 11 à l'endroit.

5e   »   2 à l'envers — 2 à l'endroit — 1 passe — 2 à l'endroit — tricotez 3 mailles ensemble — 2 à l'endroit — 1 passe — 2 à l'endroit.

6e *Tour*. 2 à l'envers — 11 à l'endroit.

7e   »   2 à l'envers — 3 à l'endroit — 1 passe — 1 à l'endroit — tricotez 3 mailles ensemble — 1 à l'endroit — 1 passe — 3 à l'endroit.

8e *Tour*. 2 à l'envers — 11 à l'endroit.

9e *Tour*. 2 à l'envers — 4 à l'endroit — 1 passe — tricotez 3 mailles ensemble — 1 passe — 4 à l'endroit.

10e *Tour*. 2 à l'envers — 11 à l'endroit.

On recommence au 1er tour.

BORDURE A LA COURONNE.

PI. 2, fig. 5.

Divisible par 16 mailles.

1er *Tour*. A l'envers.

2e   »   A l'envers.

3e   »   A l'envers.

4e   »   Rétrécir — 6 à l'endroit — 6 passes — 6 à l'endroit — rétrécir.

5e   »   Rétrécir — 5 à l'endroit — on fait 6 mailles alternativement à l'endroit et à l'envers des 6 passes (voyez § 8.) — 5 à l'endroit — rétrécir.

6e *Tour*. Rétrécir — 14 à l'endroit — rétrécir.

7e   »   Rétrécir — 12 à l'endroit — rétrécir.

8e   »   Rétrécir — 2 à l'endroit — 1 passe — 1 à l'endroit — 1 passe — 1 à l'endroit — 1 passe — 1 à l'endroit — 1 passe — 1 à l'endroit — 1 passe — 3 à l'endroit — rétrécir.

9e *Tour*. Rétrécir — 14 à l'endroit — rétrécir.

On recommence au 1er tour.

BORDURE ÉVENTAIL.

Pl. 2, fig. 6.

Divisible par 31 *mailles*.

1er *Tour*. 1 maille torse — 2 à l'envers — 1 maille torse — 2 à l'envers — 1 maille torse — 2 à l'envers — 1 maille torse — 2 à l'envers — 1 maille torse — 2 à l'envers — 1 maille torse — 1 passe — 1 maille torse — 2 à l'envers — 1 maille torse — 2 à l'envers — 1 maille torse — 2 à l'envers — 1 maille torse — 2 à l'envers.

2e *Tour*. De la même manière : c'est-à-dire alternativement torse et à l'envers, outre la passe qui est tricotée à l'endroit.

3e *Tour*. 1 maille torse — 2 à l'endroit — 1 maille torse — 2 à l'envers — 1 maille torse — 2 à l'envers — 1 maille torse — 2 à l'envers — 1 maille torse — 2 à l'envers — 1 maille torse — 1 passe — 1 à l'endroit — 1 passe — 1 maille torse — 2 à l'envers — 1 maille torse — 2 à l'envers — 1 maille torse — 2 à l'envers — 1 maille torse — 2 à l'envers.

4e *Tour*. De la même manière, outre les 3 mailles du milieu qui sont tricotées à l'endroit.

5ᵉ *Tour*. 1 maille torse — 2 à l'envers — 1 maille torse — 2 à l'envers — 1 maille torse — 2 à l'envers — 1 maille torse — 2 à l'envers — 1 maille torse — 2 à l'envers — 1 maille torse — 1 passe — 3 à l'endroit — 1 passe — 1 maille torse — 2 à l'envers — 1 maille torse — 2 à l'envers — 1 maille torse — 2 à l'envers — 1 maille torse — 2 à l'envers — 1 maille torse — 2 à l'envers.

6ᵉ *Tour*. Comme le tour précédent ; les cinq mailles de milieu sont tricotées à l'endroit.

7ᵉ *Tour*. 1 maille torse — 2 à l'envers — 1 maille torse — 2 à l'envers — 1 maille torse — 2 à l'envers — 1 maille torse — 2 à l'envers — 1 maille torse — 2 à l'envers — 1 maille torse — 1 passe — 2 à l'endroit — 1 passe — tricotez 2 mailles torses ensemble — 1 à l'endroit — 1 passe — 1 maille torse — 2 à l'envers — 1 maille torse — 2 à l'envers — 1 maille torse — 2 à l'envers — 1 maille torse — 2 à l'envers — 1 maille torse — 2 à l'envers.

8ᵉ *Tour*. Comme le tour précédent ; les 7 mailles de milieu sont tricotées à l'endroit.

9ᵉ *Tour*. 1 maille torse — tricotez 2 mailles ensemble à l'envers — 1 maille torse — tricotez 2 mailles ensemble à l'envers — 1 maille torse — tricotez 2 mailles ensemble à l'envers — 1 maille torse — tricotez 2 mailles ensemble à l'envers — 1 maille torse — tricotez deux mailles ensemble à l'envers — 1 maille torse — 1 passe — 2 à l'endroit — 1 passe — tricotez deux mailles torses ensemble — 1 passe — tricotez 2 mailles torses ensemble — 4 à l'endroit — 1 passe — 1 maille torse — tricotez 2 mailles ensemble à l'envers — 1 maille torse — tricotez 2 mailles ensemble à l'envers — 1 maille torse — tricotez 2 mailles ensemble à l'envers — 1 maille torse — tricotez 2 mailles ensemble à l'envers — 1 maille torse — tricotez 2 mailles ensemble à l'envers.

10e *Tour*. 1 maille torse — 1 à l'envers — 1 maille torse — 1 à l'envers — 1 maille torse — 1 à l'envers — 1 maille torse — 1 à l'envers — 1 maille torse — 1 à l'envers — 1 maille torse — 9 à l'endroit — 1 maille torse — 1 à l'envers — 1 maille torse — 1 à l'envers — 1 maille torse — 1 à l'envers — 1 maille torse — 1 à l'envers — 1 maille torse — 1 à l'envers.

11e *Tour*. 1 maille torse — 1 à l'envers — 1 maille torse — 1 à l'envers — 1 maille torse — 1 à l'envers — 1 maille torse — 1 à l'envers — 1 maille torse — 1 à l'envers — 1 maille torse — 1 passe — 1 à l'endroit — 1 passe — tricotez 2 mailles torses ensemble — 1 à l'endroit — 1 passe — rétrécir — 1 à l'endroit — 1 passe — tricotez 2 mailles torses ensemble — 1 passe — 1 maille torse — 1 à l'envers — 1 maille torse — 1 à l'envers — 1 maille torse — 1 à l'envers — 1 maille torse — 1 à l'envers — 1 maille torse — 1 à l'envers.

12e *Tour*. Comme le tour précédent. Tricotez les 11 mailles du milieu à l'endroit.

13e *Tour*. 1 maille torse — 1 à l'envers — 1 maille torse — 1 à l'envers — 1 maille torse — 1 à l'envers — 1 maille torse — 1 à l'envers — 1 maille torse — 1 passe — 1 à l'endroit — 1 passe — tricotez 2 mailles torses ensemble — 1 passe — tricotez 2 mailles torses ensemble — 2 à l'endroit — 1 passe — tricotez 2 mailles torses ensemble — 1 passe — tricotez 2 mailles torses ensemble — 1 passe — 1 maille torse — 1 à l'envers — 1 maille torse — 1 à l'envers — 1 maille torse — 1 à l'envers — 1 maille torse — 1 à l'envers — 1 maille torse — 1 à l'envers.

14e *Tour*. Tricotez 5 fois 2 mailles torses ensemble — 1 maille torse — 13 à l'endroit — tricotez 5 fois 2 mailles torses ensemble.

15e *Tour*. 6 mailles torses — 1 passe — 3 à l'endroit — 1 passe — tricotez 2 mailles torses ensemble — 4 à l'endroit — 1 passe — tricotez 2 mailles torses ensemble — 2 à l'endroit — 1 passe — 5 mailles torses.

16e *Tour*. 6 mailles torses — 15 à l'endroit — 5 mailles torses.

17e. *Tour*. 6 mailles torses — 1 passe — 1 à l'endroit — 1 passe — tricotez 2 mailles torses ensemble — 4 à l'endroit — 1 passe — tricotez deux mailles torses ensemble — 3. à l'endroit — 1 passe — tricotez 2 mailles torses ensemble — 1 à l'endroit — 1 passe — 5 mailles torses.

18e *Tour*. 6 mailles torses — 17 à l'endroit — 5 mailles torses.

19e *Tour*. 6 mailles torses — 1 passe — 1 à l'endroit — 1 passe — tricotez 2 mailles torses ensemble — 1 passe — tricotez 2 mailles torses ensemble — 2 à l'endroit — 1 passe — tricotez 2 mailles torses ensemble — 1 passe — tricotez 2 mailles torses ensemble — 1 à l'endroit — 1 passe — tricotez 2 mailles torses ensemble — 1 passe — tricotez 2 mailles torses ensemble — 1 à l'endroit — 1 passe — 5 à l'endroit.

20e *Tour*. 6 mailles torses — 19 à l'endroit — 5 mailles torses.

21e *Tour*. 6 mailles torses — 1 passe — 3 à l'endroit — 1 passe — tricotez 2 mailles torses ensemble — 4 à l'endroit — 1 passe — tricotez 2 mailles torses ensemble — 3 à l'endroit — 1 passe — tricotez 2 mailles torses ensemble — 3 à l'endroit — 1 passe — 5 mailles torses.

22e *Tour*. 6 mailles torses — 12 à l'endroit — rétrécir —
7 à l'endroit — 5 mailles torses.

BORDURE ÉCAILLE.

Pl. 3, fig. 7.

Divisible par 20 mailles.

1er *Tour*. A l'envers.

2e » A l'envers.

3e » 1 passe — 1 maille torse — 1 à l'envers — 1 maille
torse — 1 à l'envers — 1 maille torse — 1 à l'envers —
1 maille torse — 1 à l'envers — 1 maille torse — 1 à l'envers
— 1 maille torse — 1 à l'envers — 1 maille torse — 1 à l'envers
— 1 maille torse — 1 à l'envers — 1 maille torse — 1 à
l'envers — tricotez 2 mailles torses ensemble.

4e *Tour*. 1 maille torse — 1 passe — 1 maille torse — 1 à
l'envers — 1 maille torse — 1 à l'envers — 1 maille torse —
1 à l'envers — 1 maille torse — 1 à l'envers — 1 maille torse
— 1 à l'envers — 1 maille torse — 1 à l'envers — 1 maille
torse — 1 à l'envers — 1 maille torse — 1 à l'envers —
1 maille torse — tricotez 2 mailles torses ensemble.

5e *Tour*. 1 maille torse — 1 à l'endroit — 1 passe — 1 maille
torse — 1 à l'envers — 1 maille torse — 1 à l'envers —
1 maille torse — 1 à l'envers — 1 maille torse — 1 à l'envers
— 1 maille torse — 1 à l'envers — 1 maille torse — 1 à
l'envers — 1 maille torse — 1 à l'envers — 1 maille torse —
1 à l'envers — tricotez 2 mailles torses ensemble.

6e *Tour*. 1 maille torse — 1 passe — rétrécir — 1 passe — 1 maille torse — 1 à l'envers — 1 maille torse — 1 à l'envers — 1 maille torse — 1 à l'envers — 1 maille torse — 1 à l'envers — 1 maille torse — 1 à l'envers — 1 maille torse — 1 à l'envers — 1 maille torse — 1 à l'envers — 1 maille torse — 1 à l'envers — 1 maille torse — tricotez 2 mailles torses ensemble.

7e *Tour*. 1 maille torse — 3 à l'endroit — 1 passe — 1 maille torse — 1 à l'envers — 1 maille torse — 1 à l'envers — 1 maille torse — 1 à l'envers — 1 maille torse — 1 à l'envers — 1 maille torse — 1 à l'envers — 1 maille torse — 1 à l'envers — 1 maille torse — 1 à l'envers — tricotez 2 mailles torses ensemble.

8e *Tour*. 1 maille torse — 1 passe — rétrécir — 1 passe — rétrécir — 1 passe — 1 maille torse — 1 à l'envers — 1 maille torse — 1 à l'envers — 1 maille torse — 1 à l'envers — 1 maille torse — 1 à l'envers — 1 maille torse — 1 à l'envers — 1 maille torse — 1 à l'envers — 1 maille torse — 1 à l'envers — 1 maille torse — tricotez 2 mailles torses ensemble.

9e *Tour*. 1 maille torse — 5 à l'endroit — 1 passe — 1 maille torse — 1 à l'envers — 1 maille torse — 1 à l'envers — 1 maille torse — 1 à l'envers — 1 maille torse — 1 à l'envers — 1 maille torse — 1 à l'envers — 1 maille torse — 1 à l'envers — tricotez 2 mailles torses ensemble.

10e *Tour*. 1 maille torse — 1 passe — rétrécir — 1 passe — rétrécir — 1 passe — rétrécir — 1 passe — 1 maille torse — 1 à l'envers — 1 maille torse — 1 à l'envers — 1 maille torse — 1 à l'envers — 1 maille torse — 1 à l'envers — 1 maille torse — 1 à l'envers — 1 maille torse — tricotez 2 mailles torses ensemble.

11e *Tour*. 1 maille torse — 7 à l'endroit — 1 passe — 1 maille torse — 1 à l'envers — 1 maille torse — 1 à l'envers — 1 maille torse — 1 à l'envers — 1 maille torse — 1 à l'envers — 1 maille torse — 1 à l'envers — 1 maille torse — rétrécir.

12e *Tour*. 1 maille torse — 1 passe — rétrécir — 1 passe — rétrécir — 1 passe — rétrécir — 1 passe — rétrécir — 1 passe — 1 maille torse — 1 à l'envers — 1 maille torse — 1 à l'envers — 1 maille torse — 1 à l'envers — 1 maille torse — 1 à l'envers — 1 maille torse — tricotez 2 mailles torses ensemble.

13e *Tour*. 1 maille torse — 9 à l'endroit — 1 passe — 1 maille torse — 1 à l'envers — 1 maille torse — 1 à l'envers — 1 maille torse — 1 à l'envers — 1 maille torse — 1 à l'envers — tricotez 2 mailles torses ensemble.

14e *Tour*. 1 maille torse — 1 passe — rétrécir — 1 passe — rétrécir — 1 passe — rétrécir — 1 passe — rétrécir — 1 passe — rétrécir — 1 passe — 1 maille torse — 1 à l'envers — 1 maille torse — 1 à l'envers — 1 maille torse — 1 à l'envers — 1 maille torse — tricotez 2 mailles torses ensemble.

15e *Tour*. 1 maille torse — 11 à l'endroit — 1 passe — 1 maille torse — 1 à l'envers — 1 maille torse — 1 à l'envers — 1 maille torse — 1 à l'envers — tricotez 2 mailles torses ensemble.

16e *Tour*. 1 maille torse — 1 passe — rétrécir — 1 passe — rétrécir — 1 passe — rétrécir — 1 passe — rétrécir — 1 passe — rétrécir — 1 passe — rétrécir — 1 passe — 1 maille torse — 1 à l'envers — 1 maille torse — 1 à l'envers — 1 maille torse — tricotez 2 mailles torses ensemble.

17e *Tour*. 1 maille torse — 13 à l'endroit — 1 passe — 1 maille torse — 1 à l'envers — 1 maille torse — 1 à l'envers — tricotez 2 mailles torses ensemble.

18e *Tour*. 1 maille torse — 1 passe — rétrécir — 1 passe — rétrécir — 1 passe — rétrécir — 1 passe — rétrécir — 1 passe — rétrécir — 1 passe — rétrécir — 1 passe — rétrécir — 1 passe — 1 maille torse — 1 à l'envers — 1 maille torse — tricotez 2 mailles torses ensemble.

19e *Tour*. 1 maille torse — 15 à l'endroit — 1 passe — 1 maille torse — 1 à l'envers — tricotez 2 mailles torses ensemble.

20e *Tour*. 1 maille torse — 1 passe — rétrécir — 1 passe — rétrécir — 1 passe — rétrécir — 1 passe — rétrécir — 1 passe — rétrécir — 1 passe — retrécir — 1 passe — rétrécir — 1 passe — rétrécir — 1 passe — 1 maille torse — tricotez 2 mailles torses ensemble.

21e *Tour*. 1 maille torse — 17 à l'endroit — 1 passe — tricotez 2 mailles torses ensemble.

BORDURE CROIX DE MALTE.

Pl. 3. fig. 8.

Divisible par 21 mailles.

1er *Tour*. 1 à l'envers — 1 maille torse.
2e   »   1 à l'envers — 1 maille torse.
3e   »   1 à l'envers — 1 maille torse.
4e   »   1 maille torse — 1 à l'envers.
5e   »   1 maille torse — 1 à l'envers.
6e   »   1 maille torse — 1 à l'envers.

7e *Tour*. 1 à l'envers — 1 maille torse.

8e   »   1 à l'envers — 1 maille torse.

9e   »   1 à l'envers — 1 maille torse.

10e   »   1 maille torse — 1 à l'envers.

11e   »   1 maille torse — 1 à l'envers.

12e   »   1 maille torse — 1 à l'envers.

13e   »   A l'endroit.

14e, 15e et 16e *Tours*. Comme le tour précédent.

17e *Tour*. 1 maille torse — 1 passe — tricotez 2 mailles torses ensemble — 4 à l'endroit — 10 à l'envers — 4 à l'endroit.

18e *Tour*. 1 maille torse — 1 à l'endroit — 1 maille torse — 4 à l'endroit — 10 à l'envers — 4 à l'endroit.

19e *Tour*. 1 maille torse — 1 passe — tricotez 2 mailles torses ensemble — 5 à l'endroit — 8 à l'envers — 5 à l'endroit.

20e *Tour*. 1 maille torse — 1 à l'endroit — 1 maille torse 5 à l'endroit — 8 à l'envers — 5 à l'endroit.

21e *Tour*. 1 maille torse — 1 passe — tricotez 2 mailles torses ensemble — 1 à l'endroit — 1 à l'envers — 4 à l'endroit — 6 à l'envers — 4 à l'endroit — 1 à l'envers — 1 à l'endroit.

22e *Tour*. 1 maille torse — 1 à l'endroit — 1 maille torse — 1 à l'endroit — 2 à l'envers — 3 à l'endroit — 6 à l'envers — 3 à l'endroit — 2 à l'envers — 1 à l'endroit.

23e *Tour*. 1 maille torse — 1 passe — tricotez 2 mailles torses ensemble — 1 à l'endroit — 3 à l'envers — 3 à l'endroit — 4 à l'envers — 3 à l'endroit — 3 à l'envers — 1 à l'endroit.

24e *Tour*. 1 maille torse — 1 à l'endroit — 1 maille torse — 1 à l'endroit — 4 à l'envers — 2 à l'endroit — 4 à l'envers — 2 à l'endroit — 4 à l'envers — 1 à l'endroit.

25e *Tour*. 1 maille torse — 1 passe — tricotez 2 mailles torses ensemble — 1 à l'endroit — 5 à l'envers — 2 à l'endroit — 2 à l'envers — 2 à l'endroit — 5 à l'envers — 1 à l'endroit

26e *Tour.* 1 maille torse — 1 à l'endroit — 1 maille torse — 1 à l'endroit — 6 à l'envers — 1 à l'endroit — 2 à l'envers — 1 à l'endroit — 6 à l'envers — 1 à l'endroit.

27e *Tour.* 1 maille torse — 1 passe — rétrécir — 1 à l'endroit — 16 à l'envers — 1 à l'endroit.

28e *Tour.* 1 maille torse — 1 à l'endroit — 1 maille torse — 1 maille à l'endroit — 16 à l'envers — 1 à l'endroit.

29e *Tour.* 1 maille torse — 1 passe — rétrécir — 1 à l'endroit — 6 à l'envers — 1 à l'endroit — 2 à l'envers — 1 à l'endroit — 6 à l'envers — 1 à l'endroit.

30e *Tour.* 1 maille torse — 1 à l'endroit — 1 maille torse — 1 à l'endroit — 5 à l'envers — 2 à l'endroit — 2 à l'envers — 2 à l'endroit — 5 à l'envers — 1 à l'endroit.

31e *Tour.* 1 maille torse — 1 passe — rétrécir — 1 à l'endroit — 4 à l'envers — 2 à l'endroit — 4 à l'envers — 2 à l'endroit — 4 à l'envers — 1 à l'endroit.

32e *Tour.* 1 maille torse — 1 à l'endroit — 1 maille torse — 1 à l'endroit — 3 à l'envers — 3 à l'endroit — 4 à l'envers — 3 à l'endroit — 3 à l'envers — 1 à l'endroit.

33e *Tour.* 1 maille torse — 1 passe — rétrécir — 1 à l'endroit — 2 à l'envers — 3 à l'endroit — 6 à l'envers — 3 à l'endroit — 2 à l'envers — 1 à l'endroit.

34e *Tour.* 1 maille torse — 1 à l'endroit — 1 maille torse — 1 à l'endroit — 1 à l'envers — 4 à l'endroit — 6 à l'envers — 4 à l'endroit — 1 à l'envers — 1 à l'endroit.

35e *Tour.* 1 maille torse — 1 passe — rétrécir — 5 à l'endroit — 8 à l'envers — 5 à l'endroit.

36e *Tour*. 1 maille torse — 1 à l'endroit — 1 maille torse — 5 à l'endroit — 8 à l'envers — 5 à l'endroit.

37e *Tour*. 1 maille torse — 1 passe — rétrécir — 4 à l'endroit — 10 à l'envers — 4 à l'endroit.

38e *Tour*. 1 maille torse — 1 à l'endroit — 1 maille torse — 4 à l'endroit — 10 à l'envers — 4 à l'endroit.

39e *Tour*. A l'endroit.

40e, 41e et 42e *Tours*. Comme le tour précédent.

43e *Tour*. 1 à l'envers — 1 maille torse.

44e　》　1 à l'envers — 1 maille torse.

45e　》　1 à l'envers — 1 maille torse.

46e　》　1 maille torse — 1 à l'envers.

47e　》　1 maille torse — 1 à l'envers.

48e　》　1 maille torse — 1 à l'envers.

49e　》　1 à l'envers — 1 maille torse.

50e　》　1 à l'envers — 1 maille torse.

51e　》　1 à l'envers — 1 maille torse.

52e　》　1 maille torse — 1 à l'envers.

53e　》　1 maille torse — 1 à l'envers.

54e　》　1 maille torse — 1 à l'envers.

BORDURE SPIRALE.

Pl. 1, fig. 3.

15 Mailles.

1er *Tour*. 3 à l'envers — 1 passe — 4 à l'endroit — rétrécir — 6 à l'endroit.

2e *Tour*. 3 à l'envers — 1 à l'endroit — 1 passe — 4 à l'endroit — rétrécir — 5 à l'endroit.

3e *Tour*. 3 à l'envers — 2 à l'endroit — 1 passe — 4 à l'endroit — rétrécir — 4 à l'endroit.

4e *Tour*. 3 à l'envers — 2 à l'endroit — 1 passe — 4 à l'endroit — rétrécir — 4 à l'endroit.

5e *Tour*. 3 à l'envers — 4 à l'endroit — 1 passe — 4 à l'endroit — rétrécir — 2 à l'endroit.

6e *Tour*. 3 à l'envers — 5 à l'endroit — 1 passe — 4 à l'endroit — rétrécir — 1 à l'endroit.

7e *Tour*. 3 à l'envers — 6 à l'endroit — 1 passe — 4 à l'endroit — rétrécir.

8e *Tour*. 3 à l'envers — 1 passe — 4 à l'endroit — rétrécir — 6 à l'endroit.

9e *Tour*. 3 à l'envers — 1 à l'endroit — 1 passe — 4 à l'endroit — rétrécir — 5 à l'endroit.

10e *Tour*. 3 à l'envers — 2 à l'endroit — 1 passe — 4 à l'endroit — rétrécir — 4 à l'endroit.

11e *Tour*. 3 à l'envers — 3 à l'endroit — 1 passe — 3 à l'endroit — rétrécir — 4 à l'endroit.

12e *Tour*. 3 à l'envers — 4 à l'endroit — 1 passe — 4 à l'endroit — rétrécir — 2 à l'endroit.

13e *Tour*. 3 à l'envers — 5 à l'endroit — 1 passe — 4 à l'endroit — rétrécir — 1 à l'endroit.

14e *Tour*. 3 à l'envers — 6 à l'endroit — 1 passe — 4 à l'endroit — rétrécir. — Si on désire donner à cette bordure une plus grande largeur on doit recommencer au premier tour.

DENTELLES.

FEUILLES DE ROSE.

Pl. 4, fig. 1.

Fil élastique C. B. N° 120. Aiguilles N° 8 de l'akéomètre.

On met 12 mailles.

1er *Tour.* 1 maille sans la tricoter — 3 à l'endroit — 1 passe — 1 surjet double — 1 passe — 3 à l'endroit — 1 passe — 2 à l'endroit.

2e *Tour.* 3 à l'endroit — 8 à l'envers — 2 à l'endroit.

3e *Tour.* 1 maille sans la tricoter — 5 à l'endroit — 1 passe — rétrécir — 1 à l'endroit — 1 passe — 1 à l'endroit — rétrécir — 1 passe — 3 à l'endroit.

4e *Tour.* 4 à l'endroit — 8 à l'envers — 2 à l'endroit.

5e *Tour.* 1 maille sans la tricoter — 1 à l'endroit — rétrécir — 1 passe — 4 à l'endroit — 1 passe — rétrécir — 1 passe — 2 à l'endroit — 4 passes — rétrécir.

6e *Tour.* 2 à l'endroit — 1 à l'envers — 1 à l'endroit — 1 à l'envers — 3 à l'endroit — 8 à l'envers — 2 à l'endroit.

7e *Tour.* 1 maille sans la tricoter — rétrécir — 1 passe — 4 à l'endroit — rétrécir — 1 passe — 1 à l'endroit — 1 passe — 8 à l'endroit.

8e *Tour.* Rabattre 7 mailles — 1 à l'endroit — 8 à l'envers — — 2 à l'endroit.

Recommencez au 1er tour.

PATRON A FEUILLAGE.

Pl. 4. fig. 4.

Fil élastique C. B. N° 120. Aiguilles N° 8 de l'akéomètre.

On met 17 mailles.

1er *Tour.* 1 maille sans la tricoter — 2 à l'endroit — 1 passe — rétrécir — 1 à l'endroit — 1 passe — rétrécir — 4 à l'endroit

— 1 passe — rétrécir — 2 passes — tricotez 3 mailles ensemble.

2e *Tour*. 2 à l'endroit — 1 à l'envers — 1 à l'endroit — 8 à l'envers — 2 à l'endroit — 1 passe — rétrécir — 1 à l'endroit.

3e *Tour*. 1 maille sans la tricoter — 2 à l'endroit — 1 passe — rétrécir — 1 à l'endroit — 1 passe — rétrécir — 2 à l'endroit — rétrécir — 1 passe — 1 à l'endroit — 2 passes — rétrécir — 2 passes — rétrécir.

4e *Tour*. 2 à l'endroit — 1 à l'envers — 2 à l'endroit — 1 à l'envers — 1 à l'endroit — 7 à l'envers — 2 à l'endroit — 1 passe — rétrécir — 1 à l'endroit.

5e *Tour*. 1 maille sans la tricoter — 2 à l'endroit — 1 passe — rétrécir — 2 à l'endroit — 1 passe — rétrécir — 2 à l'endroit — 1 passe — rétrécir — 2 passes — rétrécir — 2 à l'endroit — 2 passes — rétrécir.

6e *Tour*. 2 à l'endroit — 1 à l'envers — 4 à l'endroit — 1 à l'envers — 1 à l'endroit — 7 à l'envers — 2 à l'endroit — 1 passe — rétrécir — 1 à l'endroit.

7e *Tour*. 1 maille sans la tricoter — 2 à l'endroit — 1 passe — rétrécir — 3 à l'endroit — 1 passe — tricotez 3 mailles ensemble — 1 passe — 3 à l'endroit — 2 passes — rétrécir — 3 à l'endroit — 2 passes — rétrécir.

8e *Tour*. 2 à l'endroit — 1 à l'envers — 5 à l'endroit — 1 à l'envers — 1 à l'endroit — 8 à l'envers — 2 à l'endroit — 1 passe — rétrécir — 1 à l'endroit.

9e *Tour*. 1 maille sans la tricoter — 2 à l'endroit — 1 passe — rétrécir — 2 à l'endroit — rétrécir — 1 passe — 1 à l'endroit — 1 passe — rétrécir — 3 à l'endroit — 2 passes — rétrécir — 1 surjet double — 2 passes — tricotez 3 mailles ensemble.

10e *Tour*. 2 à l'endroit — 1 à l'envers — 3 à l'endroit — 1 à l'envers — 1 à l'endroit — 9 à l'envers — 2 à l'endroit — 1 passe — rétrécir — 1 à l'endroit.

11e *Tour*. 1 maille sans la tricoter — 2 à l'endroit — 1 passe — rétrécir — 1 surjet double — 1 passe — 3 à l'endroit — 1 passe — 4 à l'endroit — 1 passe — rétrécir — 2 passes — rétrécir — 2 passes — tricotez 3 mailles ensemble.

12e *Tour*. 2 à l'endroit — 1 à l'envers — 2 à l'endroit — 1 à l'envers — 1 à l'endroit — 11 à l'envers — 2 à l'endroit — 1 passe — rétrécir — 1 à l'endroit.

13e *Tour*. 1 maille sans la tricoter — 2 à l'endroit — 1 passe

— rétrécir — 1 à l'endroit — 1 passe — rétrécir — 3 à l'endroit
— 1 passe — 2 fois rétrécir — 1 passe — 8 à l'endroit.

14e *Tour*. Rabattre 6 mailles — 1 à l'endroit — 10 à l'envers
— 2 à l'endroit — 1 passe — rétrécir — 1 à l'endroit.

On recommence au 1er tour.

PATRON TOILE D'ARAIGNÉE.

Pl. 4, fig. 3.

Fil élastique C. B. No 120. Aiguilles No 8 de l'akéomètre.

On met 10 mailles.

1er *Tour*. 2 à l'endroit — 1 passe — rétrécir — 1 à l'endroit
— 2 passes — 1 à l'endroit — 2 passes — rétrécir — 3 passes
— rétrécir.

2e *Tour*. 2 à l'endroit — 1 à l'envers — 3 à l'endroit — 1 à
l'envers — 2 à l'endroit — 1 à l'envers — 5 à l'endroit.

3e *Tour*. 2 à l'endroit — 1 passe — rétrécir — 2 à l'endroit
— 2 passes — 3 à l'endroit — 2 passes — 3 fois rétrécir.

4e *Tour*. 4 à l'endroit — 5 à l'envers — 7 à l'endroit.

5e   »   2 à l'endroit — 1 passe — rétrécir — 1 à l'endroit
— rétrécir — 2 passes — 5 à l'endroit — 2 passes — rétrécir
— 3 passes — rétrécir.

6e *Tour*. 2 à l'endroit — 1 à l'envers — 3 à l'endroit — 7 à
l'envers — 7 à l'endroit.

7e *Tour*. 2 à l'endroit — 1 passe — 3 fois rétrécir — 2 passes
— rétrécir — 1 à l'endroit — rétrécir — 2 passes — rétrécir — 5 à
l'endroit.

8e *Tour*. 7 à l'endroit — 5 à l'envers — 7 à l'endroit.

9e   »   2 à l'endroit — 1 passe — 3 fois rétrécir — 2 passes
— tricotez 3 mailles ensemble — 2 passes — 3 fois rétrécir —
puis 3 passes — rétrécir.

10e *Tour*. 3 à l'envers — 2 à l'endroit — 1 passe — 4 à l'endroit
— rétrécir — 4 à l'endroit.

11e *Tour*. 2 à l'endroit — 1 passe — 3 fois rétrécir — puis
2 passes — 1 à l'endroit — 2 passes — 2 fois rétrécir — puis
5 à l'endroit.

12e *Tour*. Rabattre 8 mailles — 2 à l'envers — 7 à l'endroit. Recommencez au 1er tour.

DENTELLE HORTENSE.

Pl. 4, fig. 2.

Fil élastique C. B. No 120. Aiguilles No 8 de l'akéomètre.

On met 8 mailles.

1er *Tour*. 2 à l'endroit — 1 passe — rétrécir — 2 passes — rétrécir — 2 passes — rétrécir.

2e *Tour*. 2 à l'endroit — 2 à l'envers — 2 à l'endroit — 1 à l'envers — 4 à l'endroit.

3e *Tour*. 2 à l'endroit — 1 passe — rétrécir — 2 à l'endroit (2 fois 2 passes — rétrécir).

4e *Tour*. 2 à l'endroit — 1 à l'envers — 2 à l'endroit — 3 à l'envers — 4 à l'endroit.

5e *Tour*. 2 à l'endroit — 1 passe — rétrécir — 4 à l'endroit (2 fois 2 passes — rétrécir).

6e *Tour*. 2 à l'endroit — 1 à l'envers — 2 à l'endroit — 5 à l'envers — 4 à l'endroit.

7e *Tour*. 2 à l'endroit — 1 passe — rétrécir — 6 à l'endroit (2 fois 2 passes — rétrécir).

8e *Tour*. 2 à l'endroit — 1 à l'envers — 2 à l'endroit — 7 à l'envers — 4 à l'endroit.

9e *Tour*. 2 à l'endroit — 1 passe — rétrécir — 1 à l'endroit — 3 fois rétrécir — puis 2 passes — 1 surjet double — 2 passes — rétrécir.

10e *Tour*. 2 à l'endroit — 1 à l'envers — 2 à l'endroit — 5 à l'envers — 4 à l'endroit.

11e *Tour*. 2 à l'endroit — 1 passe — 2 fois rétrécir — puis tricotez 3 mailles ensemble — 2 passes — 1 surjet double — 2 passes — rétrécir.

12e *Tour*. 2 à l'endroit — 1 à l'envers — 2 à l'endroit — 3 à l'envers — 4 à l'endroit.

13e *Tour*. 2 à l'endroit — 1 passe — rétrécir — tricotez

3 mailles ensemble — 2 passes — 1 surjet double — 2 passes — rétrécir.

14e *Tour*. 2 à l'endroit — 1 à l'envers — 2 à l'endroit — 2 à l'envers — 4 à l'endroit.

15e *Tour*. 2 à l'endroit — 1 passe — tricotez 4 mailles ensemble — 1 surjet double — 2 passes — rétrécir.

16e *Tour*. 2 à l'endroit — 2 à l'envers — 4 à l'endroit.

Recommencez au 1er tour.

BAS.

Le bas étant l'objet classique par exemple, d'une tricoteuse, nous ajoutons à ce Manuel quelques avis relatifs aux différentes manières de tricoter un bas.

Pour des bas, ainsi que pour tout objet rond, il faut quatre aiguilles ; c'est-à-dire trois pour tenir les mailles et la quatrième pour les tricoter. On met toujours un nombre pair, et une maille en sus pour la fausse couture.

On tricote toujours le premier tour à l'endroit, et puis, pendant quelques tours, 2 à l'endroit et 2 à l'envers, jusqu'à ce qu'on ait la longueur désirée. Nous ne pouvons pas dire au juste le nombre des tours, parce que cela dépend de la grosseur du fil et de la grandeur du bas.

Bordure ; pour les bas d'enfant on fait les bordures jusqu'à 1 décimètre de longueur, c'est ce qui leur donne de l'élasticité et empêche qu'ils ne tombent. On fait quelquefois des bas tricotés alternativement à l'endroit et à l'envers.

C'est une règle générale de ne commencer à rétrécir, que lorsqu'on a fait une longueur, égale deux fois à celle du bout où on a commencé.

Pour le mollet on diminue une maille de chaque côté de la couture, comme suit :

On tricote jusqu'à trois mailles avant la couture — rétrécir — 1 à l'endroit — 1 à l'envers — 1 à l'endroit — 1 surjet On fait cinq tours au-dessus de chaque rétréci. Pour donner une bonne façon au bas on fait aussi quelques rétrécis avec trois tours au-dessus.

Arrivé au talon, on compte les mailles et on les partage en quatre parties égales, dont deux parts sur la même aiguille, avec la couture au milieu.

Il y a plusieurs manières de tricoter le talon ; la manière la plus généralement adoptée est celle-ci : on tricote alternativement une aiguille à l'endroit et une aiguille à l'envers. Il va sans dire que l'ouvrage est retourné après chaque tour et que les deux autres aiguilles ne sont pas tricotées.

Nous allons indiquer un autre talon, pour lequel il faut toujours un nombre pair de chaque côté de la couture, dut-on augmenter ou diminuer une maille. Les tours à l'endroit sont tricotés de la même manière que pour le talon précédent, les tours à l'envers au contraire sont tricotés ainsi : 1 maille sans la tricoter — 1 à l'envers et ainsi de suite jusqu'à ce que l'aiguille soit finie. Le tour suivant est tricoté à l'endroit, et dans le tour à l'envers qui suit le tour à l'endroit, on prend la maille tricotée sans la tricoter, et on tricote la maille prise sans la tricoter. Dans les talons, ainsi que dans tout ouvrage qui est retourné après chaque tour, on ne tricote pas la première maille, mais on la prend sans la tricoter ; car il faut que la lisière soit ferme et égale.

Pour former le talon, après avoir diminué quelques fois de chaque côté de la couture on le partage sur deux aiguilles. On tricote ensuite les deux parties ensemble ; la couture de milieu est tricotée séparément ; puis on rabat les mailles.

Il y a aussi une autre manière de fermer un talon, et à notre avis c'est la meilleure. C'est de tricoter le dernier tour à l'envers du talon, jusqu'à trois mailles après la couture de milieu — rétrécir à l'envers — 1 à l'envers ; on retourne l'ouvrage et on tricote de l'autre côté aussi jusqu'à trois mailles après la couture. On répète ceci jusqu'à la fin de chaque côté de l'aiguille, en prenant toujours une maille de plus. Pour le pied, que l'on commence ensuite, on reprend sur une aiguille les mailles de la lisière du talon, et on met les deux aiguilles au talon que l'on a laissées sans les tricoter, sur une aiguille. On partage les mailles restantes sur deux aiguilles ; on aura alors une grande et deux petites aiguilles. On commence à la grande aiguille ainsi : 1 à l'endroit — 1 à l'envers — tricotez à l'endroit jusqu'à ce que vous ayez deux mailles sur l'aiguille gauche, — 1 à l'envers — 1 à l'endroit. La deuxième aiguille on la commence ainsi : —

1 maille à l'endroit — 1 surjet, et on finit l'aiguille à l'endroit. On tricote la troisième aiguille à l'endroit jusqu'à ce qu'il y reste trois mailles sur l'aiguille gauche — rétrécir — 1 à l'endroit. Ceci forme un tour, et chaque tour commence à la grande aiguille. Le tour suivant est entièrement à l'endroit. On répète ces deux tours jusqu'à ce que le pied ait la même largeur que la jambe, à la hauteur de la cheville. Ceci fait, on ne diminue plus, mais on ne néglige pas les deux coutures qui doivent être tricotées alternativement à l'envers et à l'endroit. Ordinairement on donne au pied une longueur égale à la largeur du commencement du bas, et puis on fait ce qui suit :

1er *Tour*. Rétrécir — 5 à l'endroit tout autour.

2e, 3e, 4e, 5e et 6e *Tours*. A l'endroit.

On répète cela en tricotant toujours une maille de moins entre chaque rétrécissement, par exemple :

7e *Tour*. Rétrécir — 4 à l'endroit tout autour et là dessus quatre tours à l'endroit.

Quand on a tricoté : rétrécir — 1 à l'endroit — on diminue à toutes les mailles, et on les tricote sur deux aiguilles, qu'on met l'une sur l'autre. Ensuite on prend, avec une troisième aiguille, une maille de chaque aiguille et on les tricote comme une seule (il va sans dire que le nombre des mailles doit être pair). On rabat les mailles et le bas est fini. Quelquefois on finit les bas à l'envers ce qui se fait de la manière suivante:

Lorsque les mailles sont tricotées sur deux aiguilles, on fait entrer le bout des deux aiguilles dans l'ouverture du bout, on retourne le bas, et on tire l'autre bout des aiguilles, ce qui doit être fait avec soin, afin que les mailles ne s'en échappent pas. Quant aux mailles, elles sont tricotées ensemble et rabattues comme ci-dessus.

Ceci forme une pointe ronde. On fait aussi quelquefois des pointes longues de la manière suivante : On diminue à chaque coin de la grande aiguille, et une fois à chaque petite aiguille, et puis 1 tour à l'endroit. On répète ces deux tours jusqu'à ce qu'il y ait sur la grande aiguille 6 mailles, et sur chacune des deux autres 3 mailles. On rabat cette pointe comme une pointe ronde.

FIN.

TABLE.

THÉORIE DU TRICOT.

PRATIQUE DU TRICOT.

DENTELLES.

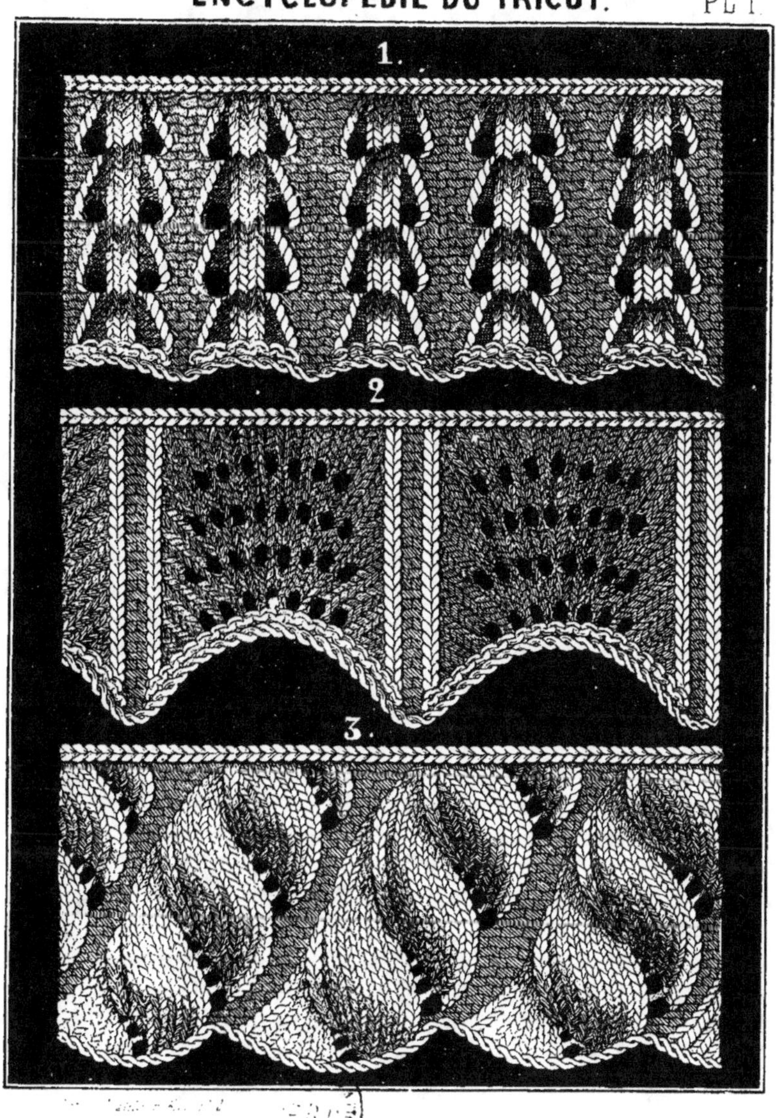

1.
2.
3.

4.
5.
6.

8.
7.

1
2
3
4

En faisant de *Cendrillon* un Journal mensuel propre à initier toutes les dames aux mille travaux qui occupent leurs loisirs, nous avons obtenu un immense succès, et il nous a été demandé de toutes parts de compléter ce travail si attrayant, par une série de petits recueils théoriques et pratiques de tous ces travaux usuels. Les *Encyclopédies du Lacet* et du *Tricot* sont les premiers volumes de cette petite bibliothèque des dames, qui se continuera de mois en mois.

EN VENTE :

1er Volume. —	**LACET**, avec figures et planches..	1 fr. »		
	Par la Poste, expédié *franco*. . .	1	25 c.
2me »	**TRICOT**, avec figures et planches.	1	25
	Par la Poste, expédié *franco* . .	1	50

SOUS PRESSE :

3me »	**CROCHET.**	»		
4me »	**FRIVOLITÉ.**	»		

CENDRILLON, Journal encyclopédique des travaux de dames, douze petits volumes — contenant — douze modes aquarelles — douze morceaux de musique inédits de Schubert — des gravures morales et religieuses — de la tapisserie — tous les travaux de dames — avec texte explicatif — des patrons — et toutes sortes de broderies — de recettes, etc., etc.

Le Journal paraît chaque mois, depuis le 20 novembre 1850.

Paris.....................	Par AN	4 fr.
Province................	—	5 » 50 »
Étranger................	—	6 » 50 »
Espagne et Portugal......	—	9 »

(Écrire *franco*). On s'abonne dans les bureaux de Cendrillon, rue Vivienne, 43. — Chez tous les Libraires — dans tous les bureaux des Messageries — et chez tous les Marchands d'objets pour travaux de dames.

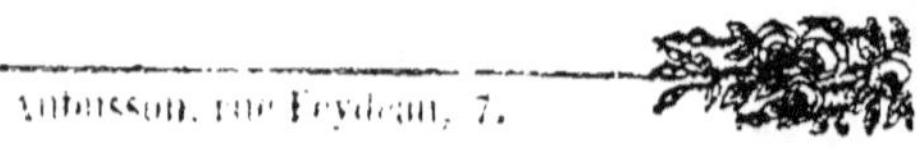

Paris. — Imp. J. Antoisson, rue Feydeau, 7.